Marina Garcés
(Barcelona, 1973) es filósofa, autora de libros como *Un mundo común*, *Filosofía inacabada* y *Fuera de clase*. Es profesora en la Universidad de Zaragoza y participa en diversos proyectos colectivos de experimentación pedagógica, cultural y social. Es impulsora del colectivo de pensamiento crítico Espai en Blanc.

Nueva ilustración radical
Autoritarismo, fanatismo, catastrofismo, terrorismo... son algunas de las caras de una poderosa reacción antiilustrada que domina los relatos de nuestro presente. Ante la actual crisis de civilización, solo parece haber dos salidas: o condena o salvación. Lo que esconde esta disyuntiva es una rendición: nuestra renuncia a la libertad, es decir, a mejorar, juntos, nuestras condiciones de vida. ¿Por qué nos creemos estos relatos apocalípticos? ¿Qué temores y qué oportunismo los alimentan? En este libro se apuesta por una nueva ilustración radical, una actitud de combate contra las credulidades de nuestro tiempo y sus formas de opresión.

Nueva ilustración radical

Ilustración radical,
amistad radical,
amor radical...
Te quiero mucho Marí!
y me encanta pasar
ratos contigo...

2/1/2018

Marina Garcés
Nueva ilustración radical

editorial anagrama

Primera edición: octubre 2017
Segunda edición: diciembre 2017
Tercera edición: febrero 2018
Cuarta edición: marzo 2018
Quinta edición: octubre 2018

Diseño de la colección: lookatcia.com

© Marina Garcés, 2017

© EDITORIAL ANAGRAMA, S. A., 2017
 Pedró de la Creu, 58
 08034 Barcelona

ISBN: 978-84-339-1614-3
Depósito Legal: B. 18328-2017

Printed in Spain

Liberdúplex, S. L. U., ctra. BV 2249, km 7,4 - Polígono Torrentfondo
08791 Sant Llorenç d'Hortons

Preámbulo

El mundo contemporáneo es radicalmente antiilustrado. Si Kant, en 1784, anunciaba que las sociedades europeas estaban, entonces, en tiempos de ilustración, nosotros podemos decir hoy que estamos, en el planeta entero, en tiempos de antiilustración. Él usaba el término en un sentido dinámico: la ilustración no era un estado, era una tarea. Nosotros también: la antiilustración no es un estado, es una guerra.

Las caras de esta guerra antiilustrada son muchas y se multiplican día a día. En lo político, crece un deseo autoritario que ha hecho del despotismo y de la violencia una nueva fuerza de movilización. Se le puede llamar populismo, pero es un término confuso. De lo que se trata es de un nuevo autoritarismo que permea toda la sociedad. En el plano cultural, triunfan las identidades defensivas y ofensivas. La cristiandad blanca y occidental se repliega en sus valores, a la vez que se desata una ira antioccidental en muchas partes del mundo, incluso por parte del pensamiento crítico occidental, que rechaza su propia genealogía. Desde todos los ámbitos, lo que triunfa es una fascinación por lo premoderno: todo lo que había «antes» era mejor. Como ha explicado Zygmunt Bauman en su libro póstumo, es el refugio en lo que él llama «retrotopías», es decir, en utopías que se proyectan en un pasado idealizado: desde la vida tribal hasta el ensalzamiento de cualquier forma de vida precolonial, por el solo hecho de serlo. La educación, el saber y la ciencia se hunden también, hoy, en un desprestigio del que solo pueden salvarse si se muestran capaces de ofrecer soluciones concretas a la sociedad: soluciones laborales, soluciones técnicas, soluciones económicas. El solucionismo es la coartada de un saber que ha perdido la atribución de hacernos mejores, como personas y como sociedad. Ya no creemos en ello y por eso le pedimos soluciones y nada más que soluciones. No contamos ya con hacernos mejores a nosotros mismos sino solamente en obtener más o menos privilegios en un tiempo que no va a ninguna parte, porque ha renunciado a apuntar a un futuro mejor.

La guerra antiilustrada legitima un régimen social, cultural y político basado en la credulidad voluntaria. Kant, en su famoso ensayo *¿Qué es la ilustración?,* hablaba de la «autoculpable minoría de edad del hombre». Hoy, más que minoría de edad, lo que tenemos es una sociedad adulta, o más bien senil, que cínicamente está dispuesta a creer o a hacer ver que cree lo que más le conviene en cada momento. Los medios llaman a esto posverdad. Pero es un término que también es «retrotópico», porque parecería que la verdad es lo que hemos dejado atrás, en un pasado mejor. No hay más o menos verdad en el pasado. Lo que hay son distintas formas de combatir la credulidad que nos oprime en cada época. Necesitamos encontrar nuestro particular combate contra el sistema de credulidades de nuestro tiempo. Nuestra impotencia actual tiene un nombre: analfabetismo ilustrado. Lo sabemos todo, pero no podemos nada. Con todos los conocimientos de la humanidad a nuestra disposición, solo podemos frenar o acelerar nuestra caída en el abismo.

La ilustración radical fue un combate contra la credulidad, desde la confianza en la naturaleza humana para emanciparse y hacerse mejor a sí misma. Su arma: la crítica. No podemos confundir esta apuesta radicalmente crítica con el proyecto de modernización que, con la expansión del capitalismo a través del colonialismo, dominó el mundo en los tres últimos siglos. Hay una distancia entre el proyecto civilizatorio de dominación y la apuesta crítica por la emancipación que necesita ser nuevamente explorada. Después de la Segunda Guerra Mundial, Adorno y Horkheimer escribieron su famoso epitafio sobre el presente en *Dialéctica de la Ilustración:*

> La Ilustración, en el más amplio sentido de pensamiento en continuo progreso, ha perseguido des-

de siempre el objetivo de liberar a los hombres del miedo y constituirlos en señores. Pero la tierra enteramente ilustrada resplandece bajo el signo de una triunfal calamidad.

Desde entonces, ilustración y calamidad son términos casi sinónimos. Pero esta identificación contiene otra: que liberar a los hombres del miedo y constituirlos en señores es lo mismo. ¿Realmente es así? Dada la magnitud actual de la calamidad, que ha puesto a la especie humana misma al borde de su sostenibilidad, quizá ha llegado la hora de desentrañar las implicaciones de esta sentencia y de esta doble identificación. Que toda liberación desemboca en nuevas formas de dominación aún más terribles y que todo saber moviliza nuevas relaciones de poder es una obviedad. Pero también es el argumento reaccionario con el que se ha condenado cualquier intento radical de transformar el mundo y de impulsar el deseo, personal y colectivo, de emancipación. Así, hemos llegado a aceptar, como un dogma, la irreversibilidad de la catástrofe. Por eso, más allá de la modernidad que diseñó un futuro para todos, y de la posmodernidad, que celebró un presente inagotable para cada uno, nuestra época es la de la condición póstuma: sobrevivimos, unos contra otros, en un tiempo que solo resta.

¿Y si nos atrevemos a pensar, de nuevo, la relación entre saber y emancipación? Parecen palabras gastadas e ingenuas. Pero precisamente este es el efecto desmovilizador que el poder persigue hoy: ridiculizar nuestra capacidad de educarnos a nosotros mismos para construir, juntos, un mundo más habitable y más justo. Se nos ofrecen todo tipo de *gadgets* para la salvación: tecnología y discursos a la carta. Líderes y banderas. Siglas. Bombas. Se nos embarca en proyectos de inteligencia delegada, en los que por fin podremos ser tan estúpidos como los humanos hemos demostrado ser, porque el mundo y sus dirigentes serán inteligentes por nosotros. Un mundo *smart* para unos habitantes irremediablemente idiotas.

Ya no estamos enfangados en la dialéctica entre el desencantamiento y el desencanto que tiñó de sombras la cultura de los siglos XIX y XX. Estamos a las puertas de una rendición. La rendición del género humano respecto a la tarea de aprender y autoeducarse para vivir más dignamente. Frente a esta rendición, propongo pensar una nueva ilustración radical. Retomar el combate contra la credulidad y afirmar la libertad y la dignidad de la experiencia humana en su capacidad para aprender de sí misma. En su momento, este combate fue revolucionario. Ahora es necesario. Entonces, su luz se proyectó como un universal expansivo y prometedor, invasivo y dominador. Ahora, en la era planetaria, podemos aprender a conjugar un universal recíproco y acogedor.

Un ensayo es escritura en curso. Algunos hilos de este ensayo han sido elaborados en conferencias recientes, como *Inacabar el mundo* (CCCB Barcelona), *Humanidades en transición* (Institut d'Humanitats,

Barcelona), *Un saber realmente útil* (Museo Reina Sofía, Madrid), *La fuerza del hambre* (MACBA, Barcelona) o *Condición póstuma* (Mextrópoli, México). También han sido compartidos y discutidos con los participantes, a quienes agradezco su complicidad, en el Aula Oberta del Institut d'Humanitats (Barcelona) y en el Seminario de Filosofía de la Fundación Juan March (Madrid). El conjunto resultante es un avance de trabajos por venir.

1. Condición póstuma

Nuestro tiempo es el tiempo del todo se acaba. Vimos acabar la modernidad, la historia, las ideologías y las revoluciones. Hemos ido viendo cómo se acababa el progreso: el futuro como tiempo de la promesa, del desarrollo y del crecimiento. Ahora vemos cómo se terminan los recursos, el agua, el petróleo y el aire limpio, y cómo se extinguen los ecosistemas y su diversidad. En definitiva, nuestro tiempo es aquel en que todo se acaba, incluso el tiempo mismo. No estamos en regresión. Dicen, algunos, que estamos en proceso de agotamiento o de extinción. Quizá no llegue a ser así como especie, pero sí como civilización basada en el desarrollo, el progreso y la expansión.

El día a día de la prensa, de los debates académicos y de la industria cultural nos confrontan con la necesidad de pensarnos desde el agotamiento del tiempo y desde el fin de los tiempos. Buscamos exoplanetas. Los nombres de sus descubridores son los nuevos Colón y Marco Polo del siglo XXI. Los héroes de las películas ya no conquistan el Oeste, sino el planeta Marte. Algunos, crédulos, ya han comprado el billete de salida. Los caminos para la huida se están trazando y los ricos de este mundo finito ya hacen cola.

De hecho, ya hace tiempo que se decretó la muerte del futuro y de la idea de progreso. Eran los años ochenta del siglo XX, cuando el futuro se convirtió en una idea del pasado, propia de viejos ilustrados, de visionarios y de revolucionarios nostálgicos. La globalización prometía un presente eterno, una estación de llegada donde poco a poco los países en vías de desarrollo irían llegando y donde todos los ciudadanos del mundo iríamos, progresivamente, conectándonos. Pero en los últimos tiempos el fin de la historia está cambiando de signo. Lo que tenemos enfrente ya no es un presente eterno ni un lugar de llegada, sino una amenaza. Se ha dicho y escrito que con el 11-S de 2001 la realidad y la historia se pusieron en marcha otra vez. Pero en vez de preguntarnos ¿hacia dónde?, la pregunta que nos hacemos hoy es ¿hasta cuándo?

¿Hasta cuándo tendré empleo? ¿Hasta cuándo viviré con mi pareja? ¿Hasta cuándo habrá pensiones? ¿Hasta cuándo Europa seguirá siendo blanca, laica y rica? ¿Hasta cuándo habrá agua potable? ¿Hasta cuándo creeremos aún en la democracia?... Desde las cuestiones más íntimas hasta las más colectivas, desde lo individual hasta lo planetario, todo se hace y se deshace bajo la sombra de un «hasta cuándo». Aunque la historia se haya puesto en marcha, seguimos sin tener futuro. Lo que ha cambiado es la relación con el presente: de ser aquello que tenía que durar para siempre se ha convertido en lo que no puede aguantar más. En lo que es literalmente insostenible. Vivimos, así, precipitándonos en el tiempo de la inminencia, en el que todo puede cambiar radicalmente o todo puede acabarse definitivamente. Es difícil saber si esta inminencia contiene una revelación o una catástrofe. La fascinación por el apocalipsis domina la escena política, estética y científica. Es una nueva ideología dominante que hay que aislar y analizar, antes de que, como un virus, se adueñe de lo más íntimo de nuestras mentes.

Junto al «hasta cuándo» se despierta también el impulso del «ahora o nunca», del «si no ahora, ¿cuándo?». De este impulso nacen los actuales movimientos de protesta, de autoorganización de la vida, de intervención en las guerras, de transición ambiental, de cultura libre, los nuevos feminismos... De un lado y otro de la pregunta, se comparte una misma conciencia: que esto no va, es decir, que no puede continuar sin colapsar. Lo que se comparte es una misma experiencia del límite. Este límite no es cualquier límite: es el límite de lo *vivible*. Ese umbral a partir del cual puede ser que haya vida, pero que no lo sea para nosotros, para la vida humana. Vida *vivible*: es la gran cuestión de nuestro tiempo. Unos la elaboran ya en meros términos de supervivencia, aunque sea a codazos fuera de este planeta. Otros volvemos a poner la vieja cuestión sobre la mesa, o en medio de la plaza: vida *visible* es vida digna. Sus límites son aquellos por los que podamos aún luchar.

Cuando hoy se afirma que el tiempo se acaba y se acepta caminar sobre la irreversibilidad de nuestra propia muerte, ¿de qué tiempo y de qué muerte se está hablando? Precisamente, del tiempo *visible*. No está en cuestión el tiempo abstracto, el tiempo vacío, sino el tiempo en el que aún podemos intervenir sobre nuestras condiciones de vida. Confrontados con el agotamiento del tiempo *visible* y, en último término, con el naufragio antropológico y la irreversibilidad de nuestra extinción, nuestro tiempo ya no es el de la posmodernidad sino el de la insostenibilidad. Ya no estamos en la condición posmoderna, que había dejado alegremente el futuro atrás, sino en otra experiencia del final, la condición póstuma. En ella, el *pos-* no indica lo que se abre tras dejar los grandes horizontes y referentes de la modernidad atrás. Nuestro pos- es el que viene después del después: un *pos-* póstumo, un tiempo de prórroga que nos damos cuando ya hemos concebido y en parte aceptado la posibilidad real de nuestro propio final.

Insostenibilidad

La conciencia, cada vez más generalizada, de que «esto» (el capitalismo, el crecimiento económico, la sociedad de consumo, el productivismo, como se le quiera llamar) es insostenible impugna radicalmente el actual estado de cosas. Por eso es innombrable. O por eso su expresión es neutralizada, desde hace años, con todo tipo de argucias terminológicas e ideológicas. Desde los años setenta del siglo pasado, una de las principales estrategias de contención de la crítica radical al capitalismo ha sido el concepto de sostenibilidad y, más concretamente, de desarrollo sostenible.

La sostenibilidad apareció como pregunta o como problema cuando en 1972 el Club de Roma planteó, en su informe *Los límites del crecimiento,* que en un planeta finito el crecimiento ilimitado no era posible. La pregunta que este informe lanzaba al mundo contenía también un «hasta cuándo»: ¿hasta cuándo podrá el planeta, como conjunto de los recursos naturales necesarios para la vida, aguantar sin colapsar el ritmo de explotación y de deterioro al que lo somete la actividad productiva y vital del ser humano?

A este problema se respondió con el concepto de desarrollo sostenible, promovido ya no como contradicción que resolver sino como solución que proponer. Tal como lo definía en 1987 el *Informe Brundland,* el desarrollo sostenible sería aquel que satisface las necesidades del presente sin comprometer las necesidades de las futuras generaciones. Es un concepto que ya en ese momento despertó una controversia terminológica que en realidad era un conflicto político. Como ha explicado el economista José Manuel Naredo, entre otros, este conflicto provocó la intervención del mismo Henry Kissinger. Lo que se consiguió con el cierre ideológico en torno a la sostenibilidad del desarrollo fue blindar toda discusión en torno a la sostenibilidad del sistema económico mismo. El neoliberalismo estaba ganando la batalla de ideas y el imaginario que dominaría, hasta hoy, los deseos personales y colectivos a lo largo y ancho del planeta. La integración de la cuestión ambiental a través del discurso de la sostenibilidad neutralizó cualquier nuevo cuestionamiento que pudiera surgir más allá de la derrota histórica del comunismo.

Sin embargo, a partir de la crisis de 2008, lo que se ha puesto seriamente en cuestión es, precisamente, la sostenibilidad del capitalismo mismo. La pregunta que hoy alimenta los relatos apocalípticos y la cancelación del futuro apunta a la difícil viabilidad de un sistema económico basado en el crecimiento y en la especulación. La pregunta por el «hasta cuándo» ya no interroga solamente la disponibilidad de recursos y fuentes de energía naturales. Va más allá: ¿hasta cuándo podrá el sistema capitalista aguantar su propio ritmo de crecimiento sin pinchar? La pregunta se desplaza del planeta y sus límites a las burbujas y su inestabilidad. Vivimos en un planeta finito al borde del colapso y sobre burbujas (financieras, inmobiliarias, etc.) siempre a punto de estallar.

La crisis es un problema intrínseco al capitalismo, como ya habían analizado los economistas clásicos y Marx entre otros. Pero lo que está ahora en cuestión es la premisa misma del crecimiento como condición para la actividad económica. Que en el siglo XVIII el crecimiento fuera inseparable de la economía política tenía su sentido, porque era lo que se estaba experimentando directamente: expansión colonial, aumento exponencial de la riqueza, salto técnico en la industrialización, crecimiento demográfico, etc. Pero actualmente la percepción es exactamente la contraria. ¿Por qué tendría que mantenerse un principio que contradice la experiencia real que estamos haciendo hoy acerca de nuestras condiciones de vida? Es entonces cuando un principio, afirmado por sí mismo y contra toda evidencia, se convierte en dogma. Un dogma que de nuevo se ampara en la idea de la sostenibilidad. Ahora, la sostenibilidad que se predica no lo es solo de los recursos naturales sino del sistema económico en cuanto tal. La nueva consigna es: hacer sostenible el sistema. Este ha sido el gran argumento de lo que se denominan las políticas de austeridad. Es decir, los recortes y la privatización de los servicios públicos, especialmente en el sur de Europa.

«Austeridad» es una de las palabras que están en juego, hoy, en la encrucijada de las decisiones colectivas de nuestro tiempo. Lejos de la austeridad como valor ético, como posición anticonsumista, «decrecentista» y respetuosa con el medio ambiente, la austeridad que se invoca para asegurar la sostenibilidad del sistema funciona como una máquina de reducir el gasto público y de reducir las expectativas de una buena vida a la condición de privilegio. Dicho más directamente: se trata de un reajuste de los márgenes de una vida digna.

Ahí se abre una nueva dimensión de la pregunta sobre el «hasta cuándo», en la que se nos pone directamente en cuestión a nosostros mismos, los humanos, y nuestras condiciones de vida. ¿Hasta cuándo podremos los seres humanos aguantar las condiciones de vida que nosotros mismos nos imponemos sin rompernos (individualmente) o extinguirnos (como especie)? La pregunta por la sostenibilidad, que apuntaba en los años setenta a la finitud del planeta, vuelve ahora sobre nosotros mismos, como un boomerang, y apunta directamente a nuestra fragilidad, a nuestra propia finitud. Nos vemos confrontados, así, con una tercera experiencia del límite: junto a la del planeta y a la del sistema, la que tiene que ver con la precariedad de nuestras vidas. Esta precariedad, que se ha convertido en un tema recurrente en la filosofía, las artes y las ciencias humanas y sociales de nuestro tiempo, tiene múltiples rostros, no todos coincidentes. Desde el malestar psíquico y físico que asola a las sociedades más ricas, hasta la quiebra de las economías de subsistencia en las más pobres. En uno y otro extremo, del alma al estómago, lo que se padece es una impotencia vinculada a la imposibilidad de ocuparse y de intervenir en las propias condiciones de vida. Es el fin del tiempo *vivible*, como decíamos al principio. Un nuevo sentido de la desesperación.

Ya lo anunciaba un autor como Günther Anders en los años cincuenta en sus ensayos sobre *La obsolescencia del hombre*. Lo que planteaba entonces es que el hombre se ha hecho pequeño. Pequeño, ya no ante la inmensidad del mundo o bajo los cielos infinitos, sino pequeño respecto a las consecuencias de su propia acción. Anders escribía cuando la racionalidad técnica había producido y administrado los campos de exterminio y la bomba atómica. Pero no hablaba solamente de esta nueva capacidad de destrucción programada. Apuntaba a la intuición cada vez más inquietante de que la acción humana, tanto individual como colectiva, no está ya a la altura de la complejidad que ella misma genera y bajo la cual tiene que desarrollarse. El sujeto, como conciencia y voluntad, ha perdido la capacidad de dirigir la acción en el mundo y de ser, por tanto, el timonel de la historia. En esta intuición se adelantaba, también, la derrota del ciclo moderno revolucionario, con su pulsión para rehacer radicalmente el mundo desde la acción política. Desde entonces tenemos un problema de escala que nos sitúa en la encrucijada de una dolorosa contradicción: somos pequeños y precarios, pero tenemos un poder desmesurado.

Tras la posmodernidad

Hemos pasado, así, de la condición posmoderna a la condición póstuma. El sentido del después ha mutado: del después de la modernidad al después sin después. Las consecuencias civilizatorias de este desplazamiento están siendo exploradas hoy, sobre todo, por la literatura, la ficción audiovisual y las artes. También el periodismo ficción, el que se dedica a rastrear tendencias de futuro, le está dedicando grandes dosis de atención. Pero ¿cómo pensarlo? ¿Cómo pensarlo para que la comprensión nos lleve más allá del temor y de la resignación?

La condición posmoderna fue caracterizada por Jean-François Lyotard como la incredulidad hacia los grandes relatos y sus efectos sobre las ciencias, el lenguaje y el conocimiento. Según su análisis, lo que caracterizaba a los saberes posmodernos es que ni la historia como escenario del progreso hacia una sociedad más justa, ni el progreso como horizonte desde donde valorar la acumulación científica y cultural hacia la verdad eran ya el marco de validez de la actividad epistemológica, cultural y política. El después posmoderno, tal como lo elaboraba Lyotard en su informe de 1979 *La condición posmoderna,* se encontraba liberado del sentido lineal de la metanarración histórica de progreso y se abría a los tiempos múltiples, a las heterocronías, al valor de la interrupción, al acontecimiento y a las discontinuidades. Como para el punk, que alzaba sus gritos de vida y de rabia también en esos años, el «no futuro» posmoderno era experimentado como una liberación. Frente a ello, la condición póstuma se cierne hoy sobre nosotros como la imposición de un nuevo relato, único y lineal: el de la destrucción irreversible de nuestras condiciones de vida. Inversión de la concepción moderna de la historia, que se caracterizaba por la irreversibilidad del progreso y de la revolución, tiene ahora en el futuro ya no la realización de la historia sino su implosión. La linealidad histórica ha vuelto, pero no apunta a una luz al final del túnel, sino que tiñe de sombras nuestros escaparates de incansable luz artificial.

Esta nueva captura narrativa del sentido del futuro cambia radicalmente la experiencia del presente. En los años ochenta y noventa del siglo pasado, la globalización económica invitaba a la humanidad a celebrar un presente eterno hinchado de posibles, de simulacros y de promesas realizables en el aquí y el ahora. La posmodernidad elaboró el sentido y las tensiones de esta recién estrenada temporalidad. Liberada del lastre del pasado y de la coartada del futuro, lo que la globalización ofrecía era un presente eterno del hiperconsumo, de la producción ilimitada y de la unificación política del mundo. Un ecumenismo mercantil que hacía de la red la forma de la reconciliación, y de la esfera terrestre la imagen de la comunidad salvada. En este presente, el futuro ya no era necesario porque de algún modo se había realizado o estaba en vías de hacerlo.

Lo que estamos experimentando en la condición póstuma no es una vuelta al pasado o una gran regresión como desde algunos debates actuales se está proponiendo pensar, sino la quiebra del presente eterno y la puesta en marcha de un no tiempo. Del presente de la salvación al presente de la condena. Nuestro presente es el tiempo que resta. Cada día, un día menos. Si el presente de la condición posmoderna se nos ofrecía bajo el signo de la eternidad terrenal, siempre joven, el presente de la condición póstuma se nos da hoy bajo el signo de la catástrofe de la tierra y de la esterilidad de la vida en común. Su tiempo ya no invita a la celebración, sino que condena a la precarización, al agotamiento de los recursos naturales, a la destrucción ambiental y al malestar físico y anímico. De la fiesta sin tiempo al tiempo sin futuro.

Las consecuencias de este giro van más allá del análisis de la temporalidad. Tienen efectos, también, en cómo se configuran los sistemas de poder, las identidades y el sentido mismo de la acción. La posmodernidad parecía culminar el giro biopolítico de la política moderna. Como empezó a analizar Michel Foucault y han desarrollado otros autores, de Giorgio Agamben a Antonio Negri, entre otros, la relación entre el Estado y el capitalismo configuró, del siglo XVIII en adelante, un escenario biopolítico donde la gestión de la vida, individual y colectiva, era el centro de la legitimidad del poder y de la organización de sus prácticas de gubernamentalidad. No es que no hubiera muerte ejecutada por las órdenes bélicas o policiales del Estado, pero bajo el régimen biopolítico era considerada excepcional y deficitaria respecto a la normalidad política. Actualmente, la biopolítica está mostrando su rostro necropolítico: en la gestión de la vida, la producción de muerte ya no se ve como un déficit o excepción sino como normalidad. Terrorismo, poblaciones desplazadas, refugiados, feminicidios, ejecuciones masivas, suicidios, hambrunas ambientales... La muerte no natural no es residual o excepcional, no interrumpe el orden político, sino que se ha puesto en el centro de la normalidad democrática y capitalista y de sus guerras no declaradas. Hobbes y el orden político de la modernidad, donde la paz y la guerra son el dentro y el fuera de la civilidad y del espacio estatal, han sido desbordados. Con él, también el horizonte kantiano de la paz perpetua, es decir, el ideal regulativo de un tendencial avance hacia la pacificación del mundo, ha sido borrado del mapa de nuestros posibles.

Con este horizonte, la acción colectiva (ya sea política, científica o técnica) ya no se entiende desde la experimentación sino desde la emergencia, como operación de salvación, como reparación o como rescate. Los héroes más emblemáticos de nuestro tiempo son los socorristas del Mediterráneo. Ellos, con sus cuerpos siempre a punto de saltar al agua para rescatar una vida sin rumbo, que deja atrás un pasado sin tener ningún futuro, expresan la acción más radical de nuestros días. Salvar la vida, aunque esta no tenga ningún otro horizonte de sentido que afirmarse a sí misma. El rescate como única recompensa. De algún modo, la «nueva política» que ha surgido en España en los últimos años y que gobierna algunos pueblos, ciudades y territorios, se presenta también bajo esta lógica: su razón de ser primera, antes que la transformación política (es decir, futuro), es la emergencia social. La política como acción de rescate ciudadano se pone por delante de la política como proyecto colectivo basado en el cambio social. Incluso en los movimientos sociales y en el pensamiento crítico actual hablamos mucho de «cuidados». Cuidarnos es la nueva revolución. Quizá este es hoy uno de los temas clave que van desde el feminismo hasta la acción barrial o la autodefensa local. Pero estos cuidados de los que tanto hablamos quizá empiezan a parecerse demasiado a los cuidados paliativos.

Por eso, quizá, el imaginario colectivo de nuestro tiempo se ha llenado de zombis, de dráculas y de calaveras. Mientras nos hacemos conscientes de esta muerte que ya va con nosotros, no sabemos cómo responder a la muerte real, a los viejos y a los enfermos que nos acompañan, a las mujeres violadas y asesinadas, a los refugiados y a los inmigrantes que cruzan fronteras dejándose en ellas la piel. La condición póstuma es el después de una muerte que no es nuestra muerte real, sino una muerte histórica producida por el relato dominante de nuestro tiempo. ¿Por qué ha triunfado tan fácilmente este relato? Es evidente que estamos viviendo en tiempo real un endurecimiento de las condiciones materiales de vida, tanto económicas como ambientales. Los límites del planeta y de sus recursos son evidencias científicas. La insostenibilidad del sistema económico también es cada vez más evidente. Pero ¿cuál es la raíz de la impotencia que nos inscribe, de manera tan acrítica y obediente, como agentes de nuestro propio final? ¿Por qué, si estamos vivos, aceptamos un escenario post mórtem?

La catástrofe del tiempo

En la condición póstuma la relación con la muerte atraviesa el tiempo en sus tres dimensiones vividas y lo somete, así, a la experiencia de la catástrofe. Somos póstumos porque de alguna manera la irreversibilidad de nuestra muerte civilizatoria pertenece a una experiencia del ya fue. Walter Benjamin pensaba en una revolución que restauraría, a la vez, las promesas incumplidas del futuro y de las víctimas del pasado. La revolución, pensada desde el esquema teológico de la salvación, reiniciaría los tiempos. La condición póstuma es la inversión de esta revolución: una muerte que no cesa, una condena que no llegará al final de los tiempos, sino que se convierte en temporalidad. Es la catástrofe del tiempo.

La catástrofe del tiempo es la expresión que utiliza Svetlana Aleksiévich para referirse a Chernóbil. Merece toda la atención leer directamente sus palabras. Son fragmentos del capítulo «Entrevista de la autora consigo misma...», de *Voces de Chernóbil* (Debolsillo, 2015, págs. 44-56):

> Yo miro a Chernóbil como el inicio de una nueva historia, en la que el hombre se ha puesto en cuestión con su anterior concepción de sí mismo y del mundo (...). Cuando hablamos del pasado y del futuro, introducimos en estas palabras nuestra concepción del tiempo, pero Chernóbil es ante todo una catástrofe del tiempo.
>
> De pronto se encendió cegadora la eternidad. Callaron los filósofos y los escritores, expulsados de sus habituales canales de la cultura y la tradición.
>
> Aquella única noche nos trasladamos a otro lugar de la historia, por encima de nuestro saber y de

nuestra imaginación. Se ha roto el hilo del tiempo. De pronto el pasado se ha visto impotente; no encontramos en él en qué apoyarnos; en el archivo omnisciente de la humanidad no se han encontrado las claves para abrir esta puerta.

En Chernóbil se recuerda ante todo la vida «después de todo»: los objetos sin el hombre, los paisajes sin el hombre. Un camino hacia la nada, unos cables hacia ninguna parte. Hasta te asalta la duda de si se trata del pasado o del futuro. En más de una ocasión, me ha parecido estar anotando el futuro.

Lo único que se ha salvado de nuestro saber es la sabiduría de que no sabemos.

Ha cambiado todo. Todo menos nosotros.

Chernóbil, Verdún, Auschwitz, Hiroshima, Nagasaki, Bhopal, Palestina, Nueva York, Sudáfrica, Irak, Chechenia, Tijuana, Lesbos..., una geografía inacabable de la muerte que ha devorado el tiempo y lo ha convertido en catástrofe. Muerte masiva, muerte administrada, muerte tóxica, muerte atómica. Es la muerte provocada de millones de personas, con la cual mueren también el sujeto, la historia y el futuro de la humanidad. Es la muerte que la posmodernidad, con su celebración del simulacro en un presente inagotable, negó y que ahora vuelve, como todo lo reprimido, con más fuerza. Aquí está la debilidad de la cultura posmoderna, con todo lo que fue capaz también de abrir: que el presente eterno del simulacro olvidó y negó la muerte, aunque hablara de ella. Acogió la finitud y la fragilidad, pero no la muerte del morir y la muerte del matar. Más concretamente, olvidó la distinción entre el morir y el matar, entre la finitud y el exterminio, entre la caducidad y el asesinato.

Como Baudrillard intuía, el simulacro ocultó el crimen. Nos impidió, así, pensar que la muerte que hoy aceptamos como horizonte pasado y futuro de nuestro tiempo no es la de nuestra condición mortal, sino la de nuestra vocación asesina. Es el crimen. Es el asesinato. Así lo entendió la escritora austríaca Ingeborg Bachmann, autora de obra y de vida inacabadas, que nunca confundió la finitud humana con la producción social de muerte, de «modos de matar» *(Todesarten* es el título general de su ciclo novelístico). No en vano había estudiado filosofía y había hecho su tesis doctoral, en plenos años cuarenta del siglo XX, contra la figura y la filosofía de la muerte de Heidegger. Tras abandonar la filosofía como disciplina, Bachmann trasladó su investigación a la palabra misma, despojada de todo academicismo, y su confianza a la posibilidad de encontrar, aún, una palabra verdadera. Una de estas palabras verdaderas, que cambia el sentido de la experiencia de nuestro tiempo, es precisamente la palabra «asesinato». Con ella termina la novela inacabada de Bachmann, *Malina*. Desde la verdad a la que nos expone esta palabra, podemos decir con Bachmann que no nos estamos extinguiendo, sino que nos están asesinando, aunque sea selectivamente. Con este giro, con esta interrupción del sentido de nuestro final, la muerte ya no se proyecta al final de los tiempos, sino que entra en el tiempo presente, muestra las relaciones de poder de las que está compuesta y puede ser denunciada y combatida. El tiempo de la extinción no es el mismo que el del exterminio, como tampoco lo son el morir y el matar.

Dice Aleksiévich, en el fragmento citado, que del pasado solo se ha salvado la sabiduría de que no sabemos nada. Es decir, esa vieja condición socrática del no-saber como puerta hacia un saber más verdadero, porque ha pasado por el abismo del cuestionamiento crítico radical. El no-saber, desde este gesto soberano de declararse fuera del sentido ya heredado, es todo lo contrario del analfabetismo como condena social. Es un gesto de insumisión respecto a la comprensión y la aceptación de los códigos, los mensajes y los argumentos del poder.

Declararnos insumisos a la ideología póstuma es, para mí, la principal tarea del pensamiento crítico hoy. Toda insumisión, si no quiere ser un acto suicida o autocomplaciente, necesita herramientas para sostener y compartir su posición. En este caso, necesitamos herramientas conceptuales, históricas, poéticas y estéticas que nos devuelvan la capacidad personal y colectiva de combatir los dogmas y sus efectos políticos. Por ello propongo una actualización de la apuesta ilustrada, entendida como el combate radical contra la credulidad. Hemos recibido la herencia ilustrada a través de la catástrofe del proyecto de modernización con el que Europa colonizó y dio forma al mundo. La crítica a ese proyecto y a sus consecuencias debe ser continuada y elaborada, hoy también, mano a mano con las culturas y formas de vida, humanas y no humanas, que lo padecieron como una invasión y una imposición, dentro y fuera de Europa. Debemos hacerla juntos porque el programa de modernización está poniendo en riesgo los límites mismos de nuestro mundo común. Pero esa crítica, precisamente porque se trata de una crítica al dogma del progreso y a sus correspondientes formas de credulidad, nos devuelve a las raíces de la ilustración como actitud y no como proyecto, como impugnación de los dogmas y de los poderes que se benefician de ellos.

La tormenta ilustrada se desencadena, precisamente, como la potencia de un sabio no saber, para decirlo en los términos de Aleksiévich. No es un escepticismo: es un combate del pensamiento contra los saberes establecidos y sus autoridades, un combate del pensamiento en el que se confía una convicción: que pensando podemos hacernos mejores y que solo merece ser pensado aquello que, de una forma u otra, contribuye a ello. Rescatar esta convicción no es ir al rescate del futuro con el que la modernidad sentenció al mundo al no futuro. Todo lo contrario: es empezar a encontrar los indicios para hilvanar de nuevo un tiempo de lo *vivible*. Esta convicción no puede ser el monopolio de nadie: ni de una clase social, ni de la intelectualidad, ni de unas instituciones determinadas. Tampoco de la identidad cultural europea. Poder decir «no os creemos» es la expresión más igualitaria de la común potencia del pensamiento.

2. Radicalismo ilustrado

Entiendo la ilustración como el combate contra la credulidad y sus correspondientes efectos de dominación. En el giro del siglo XVII al XVIII se dio en Europa un amplio movimiento ilustrado que no se definió por un proyecto común sino por su común rechazo al autoritarismo bajo sus diferentes formas (política, religiosa, moral, etc.). Que la Europa moderna estuviera atravesada por este movimiento no implica, sin embargo, que la ilustración sea un patrimonio vinculado a una identidad cultural, la europea, ni a un período histórico, la modernidad. De hecho, podríamos hacer una historia de la humanidad resiguiendo y tejiendo los hilos de las diversas ilustraciones, muchas de ellas nunca escuchadas, en diversos tiempos y partes del mundo. Es por ello, también, por lo que nos podemos preguntar hoy por la posibilidad de una nueva ilustración radical contra la condición póstuma, una ilustración ni moderna ni posmoderna sino fuera ya de este ciclo de periodización lineal del sentido histórico. Una ilustración planetaria, quizá, más geográfica que histórica y más mundial que universal.

Frente a esta definición de la ilustración, entiendo la modernización, en cambio, como un proyecto histórico concreto de las clases dominantes europeas, vinculado al desarrollo del capitalismo industrial a través de la colonización. La modernización del mundo es un proyecto civilizatorio que dualiza la realidad en todas sus dimensiones y jerarquiza su valor: lo antiguo y lo nuevo, el tiempo pasado y el tiempo futuro, la tradición y la innovación, la raza blanca y las otras, la tecnociencia y los saberes menores, la razón y la superstición, el valor de uso y el valor de cambio, nosotros y ellos... y, atravesando todas estas contraposiciones, la dualidad fundamental, que es la que distingue y opone frontalmente el mundo natural y el mundo humano, la naturaleza y la cultura. En todas estas dualidades hay un signo positivo y un signo negativo, un más y un menos. Esto conlleva, por supuesto, una nueva operación de dominación que afecta a todos los ámbitos de la vida, allí donde llega la modernización. Las heridas que este proyecto civilizatorio ha dejado sobre nuestros cuerpos y nuestras mentes, sobre los ecosistemas del planeta, sobre las lenguas, culturas, saberes y formas de vida del mundo entero han desatado en las últimas décadas una ira, una especie de consenso antimoderno que es, a la vez, una cierta unanimidad antiilustrada. El reciente libro de

Pankaj Mishra *La edad de la ira. Una historia del presente* (Galaxia Gutenberg, 2017) recoge un sangrante panorama cultural y político derivado de este resentimiento sembrado por la propia modernización de corte occidental en todo el mundo. Mishra expone linealmente la relación directa de ilustración y modernización como principal argumento de la catástrofe actual:

> Los ambiciosos filósofos de la Ilustración dieron a luz la idea de una sociedad perfectible –un Cielo en la tierra más que en el más allá–. Esta fue adoptada con entusiasmo por los revolucionarios franceses –Saint-Just, uno de los más fanáticos, comentó memorablemente que «la idea de felicidad es nueva en Europa»– antes de convertirse en la nueva religión política del siglo XIX. Introducida hasta el corazón del mundo poscolonial en el siglo XX, se convirtió en fe en la modernización desde arriba.

La confusión entre el impulso emancipador que guía el deseo de una vida feliz y digna en la tierra y el proyecto de dominio sobre todos los pueblos y los recursos naturales de la tierra es peligrosa porque ignora el combate interno a la propia modernidad y nos deja sin referentes y sin herramientas emancipadoras con las que combatir los dogmatismos de nuestra oscura condición póstuma, sus gurús y sus salvadores.

La distinción, interna a la modernidad, entre la apuesta crítica de una ilustración radical y revolucionaria y los distintos proyectos moderados y reformistas modernos, que la reconducen y neutralizan, ha sido desarrollada por diversos historiadores que han alterado la visión que los vencedores de la filosofía y la política moderna nos habían ofrecido. Quizá el más conocido de ellos es Jonathan Israel, pero en la misma línea han trabajado, antes y después que él, otros referentes como Margaret Jacob, Ann Thomson, Paul Hazard, Philipp Blom, etc. Gracias a ellos, más que a través de la historia de la filosofía escrita siempre desde el imperio de Kant y del idealismo alemán, podemos acceder a otro sentido de la ruptura ilustrada e interrogarnos por su actualidad.

El combate contra la credulidad no es el ataque a cualquier creencia. Las creencias son necesarias para la vida y para el conocimiento. La credulidad, en cambio, es la base de toda dominación porque implica una delegación de la inteligencia y de la convicción. Afirman los enciclopedistas en la entrada «Crítica» de la *Encyclopédie Française:* «la credulidad es la suerte de los ignorantes; la incredulidad decidida, la de los medio sabios; la duda metódica, la de los sabios». Para la ilustración no se trata de establecer cuál es el saber más acertado sino cuál es la relación más acertada con cada una de las formas de la experiencia y del saber. La apuesta no consiste, por tanto, en sustituir a la religión por la ciencia y hacer de ella, como se dice a menudo, una nueva religión moderna. La ilustración no es el combate de la ciencia contra la religión o de la razón contra la fe. Esta es una simplificación reduccionista que distorsiona lo que verdaderamente está en juego. Lo que la ilustración radical exige es poder ejercer la libertad de someter cualquier saber y cualquier creencia a examen, venga de donde venga, la formule quien la formule, sin presupuestos ni argumentos de autoridad. Este examen necesario, sobre la palabra de los otros y, especialmente, sobre el pensamiento propio, es a lo que empiezan a llamar entonces, de manera genérica, la crítica. Más allá del sentido estricto que este término había tenido y que se refería a la labor de interpretación de los textos antiguos, en el siglo XVIII pasa a significar, siguiendo aún la *Encyclopédie*, «un examen claro y un juicio equitativo de las producciones humanas».

La crítica no es un juicio de superioridad. Todo lo contrario. Es la atención necesaria que precisa una razón que se sabe finita y precaria y asume esta condición. Continúa la *Encyclopédie*: «¿Qué debe hacer entonces el crítico? (…) en una palabra, convencer al espíritu humano de su debilidad, con tal de que pueda emplear útilmente la poca fuerza que derrocha en vano.» Por eso Kant radicaliza aún más la apuesta crítica: no solo necesitamos someter a examen las verdades que producimos (las de la ciencia, la ley, los valores morales, etc.), sino que la razón misma debe ser sometida también a su propia crítica, sospechar de sí misma e interrogarse siempre acerca de sus propios deseos y límites. «La razón produce monstruos»… La frase es de Goya, pero la podría haber escrito el mismo Kant.

Desde un punto de vista ilustrado, por tanto, la crítica es autocrítica, el examen autoexamen, la educación autoeducación. En definitiva, crítica es autonomía del pensamiento pero no autosuficiencia de la razón. La pregunta que guía a la ilustración no es, por tanto, el «¿hasta cuándo?» de la condición póstuma sino el «¿hasta dónde?» de la crítica. ¿Hasta dónde podemos explorar la naturaleza sin extraviarnos ni destruirla? ¿Hasta dónde podemos preguntarnos por los principios y los fundamentos sin prejuicios? ¿Hasta dónde son válidos y para quién determinados valores morales? ¿Y ciertos dioses? ¿Hasta dónde queremos ser gobernados bajo ciertas leyes y por determinados soberanos? La crítica es un arte de los límites que nos devuelve la autonomía y la soberanía.

La razón es autónoma pero no autosuficiente porque la ilustración se atreve a asumir el carácter natural de la condición humana. En continuidad con la naturaleza y no más allá de ella, el alma humana no puede aspirar a una visión privilegiada, ni a una inteligibilidad superior, ni a una verdad eterna. Saber es trabajo, elaboración, ensayo-error, una elaboración continua e inacabada del sentido y el valor de la experiencia humana. En las raíces de la ilustración, antes de su captura idealista y positivista, hay un reencuentro con la condición corporal y carnal del ser humano. El materialismo antiguo, el de Demócrito, Epicuro y Lucrecio, pasado por las lecturas clandestinas de Spinoza, entra de nuevo en escena. ¿Cómo argumentar que la materia piensa y cuáles son las consecuencias de esta afirmación? Esta es la pregunta que la ilustración radical nos deja, a través de las discusiones de autores como Diderot, el barón de Holbach, John Toland, Helvétius, Voltaire, Rousseau, Pierre Bayle, Hobbes, La Mettrie, etc. Ya no se trata de que el verbo se haya hecho carne, sino de que la carne produce verbos y que los verbos tienen consecuencias en las maneras en que vamos a vivir en nuestra carne.

Asumir la condición natural y corporal de lo humano implica aceptar la parcialidad y la precariedad de nuestras verdades, pero también la perfectibilidad de lo que somos y hacemos de nosotros mismos. Saber ya no es acceder a las verdades eternas de Dios sino mejorar nuestra propia comprensión y relación con el mundo que nos rodea. Los ilustrados no eran unos ilusos del progreso. Demasiadas veces el desencanto posterior los ha pintado así, embobados en la credulidad que precisamente combatían. La ilustración radical no es ilusa sino combativa. Y su compromiso, desde Spinoza hasta Marx, incluso Nietzsche, no es otro que la mejora del género humano, contra todo aquello que, de manera habitual, lo oprime y lo degrada. A lo largo del siglo XVIII, la experiencia directa de la prosperidad material, sobre todo en la Inglaterra industrial y colonial, alterará profundamente el sentido de esta exigencia moral, política y científica de «hacernos mejores» a través del saber. Poco a poco, mejorar significará prosperar y el progreso del género humano se identificará con el aumento de la riqueza. Pero este desplazamiento del sentido de la emancipación por parte de la economía política es uno de los grandes giros que neutralizarán la radicalidad de la apuesta crítica de la ilustración. El otro vendrá de fuerzas más internas, de la propia esfera pública como escenario de una nueva forma de servidumbre: la servidumbre cultural.

Servidumbre cultural

Con la consolidación del Estado moderno y de sus formas de poder, la esfera pública se constituye como sistema de la cultura. La disolución del poder teocrático y de la sociedad estamental hace de la cultura el principal medio desde donde dar forma y sentido a la vida colectiva, sus relaciones de pertenencia y sus mecanismos de obediencia. Frente a los vínculos por obligación (religiosa, de linaje y de vasallaje), el sistema de la cultura es el encargado de forjar al ciudadano libremente obediente: debe articular, a la vez, su autonomía como sujeto y su obediencia como ciudadano. En el Estado moderno, el contrato es la forma del vínculo: contrato social y contrato laboral. Y el contrato presupone, aunque sea formalmente, la libre adhesión de las partes. ¿Cómo orientar la adhesión libre? ¿Por qué con unos y no con otros? Y ¿hasta dónde se extienden las exigencias de la implicación mutua? La cultura moderna moviliza dos ideas: la identidad nacional y la prosperidad económica, como argumentos principales de la libre adhesión. Es la forma de lo que La Boétie ya había analizado en el siglo XVI: la servidumbre voluntaria, desplegada ahora como servidumbre cultural.

Hegel, el filósofo que reúne la idea de formación *(Bildung)* de la humanidad y su culminación en la forma Estado, explica muy bien cómo opera el sistema de la cultura en esta tarea de libre subordinación. Escribe en *Filosofía del derecho:*

> La cultura es por lo tanto en su determinación absoluta la liberación y el trabajo de liberación superior (...). Esta liberación es en el sujeto el duro trabajo contra la mera subjetividad de la conducta, contra la inmediatez del deseo, así como contra la arbitrariedad del gusto. El que este trabajo sea duro constituye parte del poco favor que recibe.

Lo que hace la cultura, por tanto, es liberar al ciudadano de los particularismos para integrar al sujeto en el Estado. Liberarlo de la inmediatez para obligarlo a la mediación. Emanciparlo de la arbitrariedad para despertarlo hacia el punto de vista de la universalidad. Emancipación y sujeción, libertad y obediencia se encuentran en una existencia sin fisuras. La autonomía se ha reconfigurado en auto-obediencia. Pocas décadas más tarde Freud, en *El malestar en la cultura,* analizará el dolor de esta integración, represiva y forzosa, y sus entrañas psíquicas y políticas.

Frente a la servidumbre cultural, la crítica radical y su combate contra la credulidad y sus formas de opresión se convierte en crítica de la cultura. Es decir, en desenmascaramiento de la cultura como sistema de sujeción política. Esta crítica no es la que se desprende de la mirada de un juez externo, inmune, sino el autodiagnóstico del cuerpo y de las mentes doloridas, sometidas por el propio proyecto de la cultura y su responsabilidad política. Nietzsche desenmascara en la cultura de la Europa de su tiempo los valores de una moral resentida y enfermiza. El romanticismo destapa la alienación silenciada en los éxitos de la modernización. Marx muestra cómo en ella se alojan y operan los intereses de clase de la burguesía. El feminismo descubre la discriminación política, productiva y reproductiva que el discurso de la emancipación universal encubre. Walter Benjamin señala ese resto que las narraciones de progreso, incluso las revolucionarias, están dejando perder. La teoría crítica de sus compañeros de la Escuela de Frankfurt denuncia la violencia de la industria cultural y sus efectos destructivos. Las diferentes escuelas del pensamiento poscolonial demuestran la relación intrínseca entre colonialidad y modernidad.

Y así, hasta nuestros días, en que las instituciones globales de la cultura se han convertido en la sede permanente de la crítica cultural. Especialmente este es el caso de los museos de arte contemporáneo, pero también de los estudios culturales, de las facultades de filosofía y de ciencias humanas y de una parte importante del ensayo de pensamiento contemporáneo. El problema es que cuando la cultura se reduce a crítica de la cultura, su autonomía queda condenada a la autorreferencialidad: la filosofía como crítica de la filosofía, el arte como crítica de la institución arte, la literatura como crítica de las formas literarias, etc. Esta circularidad es parte de nuestra experiencia póstuma, ya que se trata de un ejercicio de la crítica que solo puede moverse en el espacio que queda entre lo que ya fue y la imposibilidad de ser otra cosa. Como un circuito de agua cerrada, aparenta movimiento pero no va a ninguna parte, mientras se pudre. Es preciso salir de este bucle y situar la necesidad de la crítica en sus raíces: la denuncia de las relaciones entre el saber y el poder no tiene interés en sí misma, sino que solo adquiere valor en sus efectos de emancipación. Es decir, en la medida que nos devuelve la capacidad de elaborar el sentido y el valor de la experiencia humana desde la afirmación de su libertad y de su dignidad.

De hecho, los primeros ilustrados ya advirtieron de este peligro. Lejos de creer ingenuamente que la ciencia y la educación redimirían por sí mismas al género humano del oscurantismo y la opresión, lo que planteaban era la necesidad de examinar qué saberes y qué educación contribuirían a la emancipación, sospechando de cualquier tentación salvadora. Hay que leer muchas veces el *Discurso de las artes y las ciencias* de Rousseau y *El sobrino de Rameau* de Diderot, entre otros textos, para no simplificar la envergadura del desafío ilustrado. Ambos, desde su inicial amistad y desde la distancia posterior, eran plenamente conscientes de que la cultura de su tiempo era la principal coartada de un sistema de poder hipócrita y adulador que reproducía, desplazándolas, las anteriores relaciones de poder. Escribe Rousseau en el *Discurso:* «Las sospechas, las sombras, los temores, la frialdad, la reserva, el odio, la traición se ocultarán siempre tras el velo uniforme y pérfido de la buena educación, esa urbanidad tan elogiada que debemos a las luces de nuestro siglo.» Pero no es solo el Rousseau desengañado, el huraño y el prerromántico. También Diderot, «le philosophe», muestra los límites del dogma ilustrado cuando Rameau, el pariente desgraciado del gran músico del momento, es descalificado por sus señores con las siguientes palabras: «¿Quieres tener sentido común, entendimiento, razón según parece? Pues lárgate. De eso ya tenemos nosotros.» La obra *El sobrino de Rameau* retrata con esta actitud la posición de una clase dirigente que empieza a monopolizar y a instrumentalizar el acceso a la cultura y al conocimiento.

Ambos vislumbraron la servidumbre cultural que la ilustración empezaba a alimentar. Ambos denunciaron el simulacro y alertaron contra toda ingenuidad culturalista. Con la apuesta ilustrada nacía pues su propia crítica, con la confianza, la sospecha: esta es la actitud fundamentalmente ilustrada, en la que la autocrítica no se confunde con la autorreferencialidad. Esta relación implacable entre la apuesta emancipadora y la crítica de sus propios peligros es la que necesitamos actualizar hoy. Nuestro problema es que se han separado: por un lado, la explotación del desencanto ante los efectos destructores de la modernización y su fraude a la hora de construir sociedades más justas y más libres refuerza cada vez más la cruzada antiilustrada. Por otro lado, ante la catástrofe de nuestro tiempo, exigimos más conocimientos y más educación e invocamos su poder salvador. Es como un mantra que se repite y que difícilmente se sustenta en ningún argumento contrastable. El hecho decisivo de nuestro tiempo es que, en conjunto, sabemos mucho y que, a la vez, podemos muy poco. Somos ilustrados y analfabetos al mismo tiempo.

Rousseau denunciaba que desarrollo cultural y desarrollo moral se habían desacoplado. Diderot mostraba las relaciones de dominación económica que sostenían el simulacro de moralidad y de sensibilidad estética de la sociedad ilustrada. Nuestro desacople es aún más radical: lo sabemos todo y no podemos nada. El simulacro ya no hace falta. Nuestra ciencia y nuestra impotencia se dan la mano sin rubor. Vivimos en tiempos de analfabetismo ilustrado.

Analfabetismo ilustrado

Con el combate contra la credulidad aparece un nuevo problema: no basta con tener acceso al conocimiento disponible de nuestro tiempo, sino que lo importante es que podamos relacionarnos con él de manera que contribuya a transformarnos a nosotros y a nuestro mundo a mejor. Si lo sabemos potencialmente todo, pero no podemos nada, ¿de qué sirve este conocimiento? Caemos en la misma inutilidad, redundancia y desorientación que denunciaba la ilustración. Credulidad sobreinformada. Hay que ir más allá, por tanto, de la lucha por el acceso libre al conocimiento, que es condición necesaria pero no suficiente de la emancipación.

En realidad, el problema del acceso universal al conocimiento es un problema moderno. Con el aumento de la producción científica, artística y mediática pasa a un primer plano la pregunta acerca de quién puede acceder a qué. En cambio, en la antigua Grecia, así como en muchas otras culturas, el problema principal no era el acceso al conocimiento sino la comprensión de la verdad y sus efectos sobre la vida. Lo constatan los fragmentos de Heráclito, los diálogos platónicos o los textos taoístas, como el Lao-Tse o el Zhuangzi: ¿de qué nos sirve saber esto o aquello si estamos lejos de comprender su sentido? El *logos*, la idea, el Tao..., los nombres cambian para indicar lo mismo: que el conocimiento no es una determinada información o discurso acerca de algo, sino un modo de relacionarnos con el ser, con el ser del mundo que nos rodea y con el propio, si es que se pueden separar. El problema del acceso, por tanto, no es el de la disponibilidad sino que es el problema del camino, de una aproximación que implica un desplazamiento. Cuando en Occidente el monoteísmo incorpora su matriz religiosa al sustrato filosófico y científico griego, la idea se mantiene, aunque el camino de la verdad implica la condición de que esta haya sido revelada y que sea sostenida a través de la fe. Pero el hecho sigue siendo el mismo: la relación con la verdad altera nuestra posición y nuestro modo de estar, con sentido, en el mundo. Es comprensión o, en clave más religiosa, iluminación o revelación.

Con la revolución científica, que entre los siglos XVI y XVIII en Europa se vive como una eclosión de producción de datos experimentales, de técnicas y de conocimientos articulados a partir de ellos, el problema del acceso empieza a tener el sentido que le damos actualmente: ¿quién y qué instituciones deben tener el cuidado y el monopolio de estos conocimientos? ¿Cómo comunicarlos y almacenarlos? ¿Quiénes deben ser sus audiencias, receptores, interlocutores y beneficiados? Pronto los manuales, los diccionarios y las enciclopedias empezarán a convertirse en codiciados bestsellers, las sociedades y las academias de ciencias se emanciparán de las instituciones políticas y religiosas que hasta entonces habían custodiado el conocimiento y la esfera pública empezará a nutrirse, a través de publicaciones impresas cada vez de mayor tirada, de lo que ya podemos empezar a llamar producción científica. Es entonces cuando se plantea la cuestión pedagógica y la pregunta política sobre la universalización, dentro de los estados europeos –y, en parte, en sus colonias–, de la educación estatal o pública. El acceso de todos a la educación se convierte entonces, hasta nuestros días, en uno de los puntos principales de cualquier programa político de signo emancipador, guiado por las nociones de igualdad, de libertad y de justicia.

Pero ya en ese momento se detectó, por parte de los mismos impulsores del movimiento ilustrado, que la disponibilidad y la accesibilidad de los nuevos conocimientos, producidos cada vez en mayor cantidad y a mayor velocidad, no cerraban el problema sino que abrían otros. Concretamente, en la misma entrada «Crítica» de la *Encyclopédie,* los enciclopedistas señalan su necesidad a partir de algunos problemas que parecen contemporáneos nuestros. Concretamente: la velocidad, la arbitrariedad, la inutilidad y la imposibilidad de digerir, es decir, de comprender, lo que se está produciendo.

El deseo de conocer muchas veces resulta estéril por un exceso de actividad. La verdad requiere ser buscada, pero también precisa que se la espere, que se vaya por delante de ella pero nunca más allá de ella. El crítico es el guía sabio que debe obligar al viajero a detenerse cuando se acaba el día, antes de que se extravíe en las tinieblas.

(...) Los descubrimientos precisan un tiempo de maduración, antes del cual las pesquisas parecen ser infructuosas. Una verdad espera, para eclosionar, la reunión de sus elementos (...). El crítico debería observar con cuidado esta fermentación del espíritu humano, esta digestión de nuestros conocimientos (...). Así, lograría imponer silencio a quienes no hacen sino engordar el volumen de la ciencia, sin aumentar su tesoro. (...) De esta forma, ¡cuánto espacio conseguiríamos liberar en nuestras bibliotecas! Todos estos autores que parlotean sobre ciencia en vez de razonar, serían apartados de la lista de libros útiles: así tendríamos mucho menos que leer y mucho más para recoger.

Ya entonces, a mitad del siglo XVIII, se temía la saturación de las bibliotecas, la acumulación de conocimiento inútil y la imposibilidad de relacionarse adecuadamente con el saber. Sin el ejercicio de la crítica, el conocimiento tiende a volverse inútil porque, aunque accedamos a sus contenidos, no sabemos cómo ni desde dónde relacionarnos con ellos. La crítica, como desgranan en el mismo texto, se despliega en una actividad múltiple que consiste en seleccionar, contrastar, verificar, desechar, relacionar o poner en contexto, entre otras. No solo constata sino que valida, no solo acumula sino que interroga sobre el sentido, de manera dinámica y contextualizada. No estamos tan lejos de esa situación, pero las condiciones han cambiado y se han vuelto mucho más complejas.

Hoy tenemos pocas restricciones de acceso al conocimiento, pero sí muchos mecanismos de neutralización de la crítica. Entre muchos otros, podemos destacar cuatro: la saturación de la atención, la segmentación de públicos, la estandarización de los lenguajes y la hegemonía del solucionismo.

Neutralizaciones de la crítica

Los enciclopedistas ya se referían a los tiempos lentos de la verdad y a la dificultad de digerir los conocimientos disponibles. Si hubieran imaginado, por un momento, el alcance del problema dos siglos y medio después, seguramente habrían sucumbido en una indigestión incurable. Tanto en velocidad como en cantidad el salto ha sido exponencial. Tenemos hoy estadísticas sobre edición, producción científica y datificación de la actividad colectiva que se acercan a magnitudes de ciencia ficción. En relación con este fenómeno, hay dos nociones que en los últimos años han tomado relevancia: la economía de la atención y la interpasividad.

El primer término, acuñado por el economista Michael Goldhaber, remite al hecho de que cuando el volumen de información con que nos relacionamos aumenta tanto, el problema ya no es solo la necesidad de seleccionarla, sino también la imposibilidad de prestarle atención a toda. ¿Cómo podemos seleccionar si no podemos atender a todo lo que nos rodea? ¿Cómo discriminar críticamente si no podemos procesarlo (digerirlo) todo? Es obvio que el aumento exponencial de información y de conocimiento provoca que una gran parte de este saber quede sin atender y que, por lo tanto, sea la atención misma y no la información lo que se convierte en un bien escaso y valioso.

Esta es la conclusión en términos de economía de la atención, pero junto a ella necesitamos desarrollar una psicología y una política de la atención. La primera tiene que ver con las patologías que la misma saturación de la atención produce: ansiedad, desorientación, depresión. La segunda, con las consecuencias y los desafíos políticos que esta misma atención saturada genera. Básicamente, impotencia y dependencia. No podemos formarnos opinión sobre todo lo que sucede a nuestro alrededor. El doble límite de la atención, la recepción de datos e informaciones y su elaboración en forma de opinión y de saber, tiene como consecuencia la parálisis ante un escenario desbordante. Una subjetividad desbordada es la que hoy se somete con más facilidad a la adhesión acrítica a la opinión, ideología o juicios de otros. Puesto que no podemos formarnos una opinión sobre todo lo que nos rodea, seguimos o nos apuntamos a las que otros nos ofrecen ya formateadas, sin tener la capacidad de someterlas a crítica. ¿No es este el mecanismo de aquello que Kant llamaba la heteronomía? La diferencia es que en otros tiempos la heteronomía se basaba en la ignorancia como ausencia de conocimientos, como no-acceso al saber, mientras que hoy funciona sobre su accesibilidad desbordante y, por tanto, inoperante.

Cada época y cada sociedad tienen sus formas de ignorancia. De ella se desprenden sus correlativas formas de credulidad. La nuestra es una ignorancia ahogada en conocimientos que no pueden ser digeridos ni elaborados. Una de sus figuras más extremas es la que ha sido llamada «interpasividad», o «subjetividad interpasiva». Término acuñado por el filósofo vienés Robert Pfaller, ha sido retomado en más de una ocasión, también, por la crítica cultural de Slavoj Žižek. La interpasividad es una forma de actividad delegada que oculta la propia pasividad: más en concreto, en todo aquello que no hacemos, dejando que sea otro, y normalmente una máquina, quien lo haga por nosotros: desde las fotocopias que por haberlas hecho ya no llegaremos a leer nunca, como decía Umberto Eco respecto a los académicos, hasta las canciones o películas que por haberlas descargado ya no escucharemos ni veremos nunca. La máquina lo ha hecho por nosotros. Es una relación sin relación que mueve información pero que, obviamente, no genera experiencia, comprensión ni desplazamiento alguno.

Tiempo atrás ya se alertaba también de los peligros de la especialización. El desarrollo de las ciencias y de las técnicas en la modernidad produjo una progresiva dificultad y autonomización de las diversas disciplinas entre sí y respecto al tronco común de la filosofía. Esto tuvo como consecuencia la aparición de un nuevo tipo de ignorancia que hoy nos afecta inevitablemente a todos: la de saber solo acerca de una disciplina e ignorar radicalmente las nociones más fundamentales del resto. Esta tendencia tuvo un amortiguador hasta la primera mitad del siglo XX en la idea de cultura general, que hacía de contenedor y de caja de resonancia de las experiencias ofrecidas por las distintas especialidades científicas, artísticas y humanísticas, aunque fuera de forma muy simplificadora. Actualmente incluso esta noción se ha vuelto impracticable.

La pregunta que se plantea entonces es: ¿nos hemos vuelto todos especialistas y solo especialistas? La respuesta es que tampoco es así. La verdadera especialización, cada vez más compleja y exigente, queda en manos de muy pocos, mientras que lo que se produce, en general, es una segmentación de saberes y de públicos. Esto ocurre tanto en el mercado como en la academia. Se nos ofrecen conocimientos y productos tecnológicos y culturales según segmentos: segmentos de edad, de renta, de procedencia, etc.

El segmento no es un fragmento. En los debates acerca de la posmodernidad se discutió mucho acerca del valor del fragmento en el fin de las grandes narraciones. El fragmento era ambivalente: ruinoso y libre a la vez. Algo roto y algo liberado que abre un campo de incertidumbre y la posibilidad de nuevas relaciones. El segmento, en cambio, es una elaboración que categoriza, pauta y organiza la recepción de los saberes. Organiza la distancia para gestionarla de manera previsible e identificable.

La segmentación del saber y de sus públicos tiene que ver, más bien, con una estandarización de la producción cognitiva. Lo que parece lejano respecto a los contenidos se asemeja en cuanto a los procedimientos. La transversalidad ya no conecta experiencias sino modos de funcionar. Se trate de lo que se trate, la cuestión es que todo funciona igual. Tres ejemplos: la actividad académica, el mundo de la moda o el aparato mediático de la opinión. En los tres casos vemos una situación similar: la yuxtaposición de contenidos que funcionan bajo unos mismos parámetros y protocolos. En el caso de la academia, ciencias que no se comunican entre sí se enseñan y se investigan con los mismos parámetros temporales, desde unos mismos dispositivos institucionales y según unos mismos criterios de valoración. En la universidad ni siquiera comprendemos de qué hablan nuestros vecinos de departamento, pero lo que está garantizado es que todos, en todas la universidades del mundo, sabemos funcionar de la misma manera.

Lo mismo ocurre con la moda: los mismos calendarios, temporadas, aceleración de los cambios y personalización de las tendencias, que sin embargo hacen mover a todos al unísono, por las mismas calles de las mismas ciudades, según la misma intensidad de los reclamos y según idéntica necesidad de cambiar incesantemente de aspecto para que nada cambie. En el ámbito de la opinión, que hoy domina minuto a minuto el sentido común del conjunto de la población a través de los medios, vemos esta misma estandarización de lo pensable llevada al paroxismo; las opiniones se ofrecen una al lado de la otra, con más o menos escenificación del conflicto según las audiencias, pero siempre con el mismo presupuesto de fondo: que el hecho de tener una opinión neutraliza la exigencia de tener que ir un paso más allá para que pueda ser puesta en cuestión. Todas las opiniones valen lo mismo porque son eso: opiniones. Estandarizadas en cuanto tales, pierden toda fuerza de interpelación y de cuestionamiento. Se expresan una al lado de la otra, pero pierden toda posibilidad real de comunicación entre sí. La segmentación y la estandarización son dos procesos que, paradójicamente, avanzan de la mano y que tienen como consecuencia una gestión ordenada y previsible de la incomunicación entre saberes y de su inutilidad recíproca.

La inteligencia delegada

Esta idea de gestión del conocimiento y de sus resultados es la que alimenta la ideología solucionista, que actualmente se está volviendo hegemónica. Tal como lo define, entre otros, Evgeny Morozov, el solucionismo es la ideología que legitima y sanciona las aspiraciones de abordar cualquier situación social compleja a partir de problemas de definición clara y soluciones definitivas. Nacido en el ámbito del urbanismo y desarrollado ideológicamente en Silicon Valley, el término solucionismo tiene su propia utopía: la de transportar a la humanidad a un mundo sin problemas. En este mundo sin problemas, los humanos podrán ser estúpidos porque el mundo mismo será inteligente: sus objetos y sus dispositivos, los datos que lo conformarán y las operaciones que lo organizarán. En la utopía solucionista ya no se trata de aumentar la potencia productiva para ampliar las capacidades humanas. De lo que se trata es de delegar la inteligencia misma, en un gesto de pesimismo antropológico sin precedentes. Que lo decidan ellas, las máquinas, que nosotros, los humanos, no solo nos hemos quedado pequeños, como afirmaba Günther Anders, sino que siempre acabamos provocando problemas. La inteligencia artificial, entendida así, es una inteligencia delegada. Lo preocupante no es que la ejerza una máquina, una bacteria, una partícula o el dispositivo que sea. Lo preocupante es que es aproblemática y, por tanto, irreflexiva. Puede aprender y corregirse a sí misma acumulando datos. Autoeducación significa ahora autocorrección. Pero no puede examinarse a sí misma ni someterse a un juicio equitativo. Porque es aproblemática, es acrítica. Humanos estúpidos en un mundo inteligente: es la utopía perfecta.

La credulidad de nuestro tiempo nos entrega a un dogma de doble faz: o el apocalipsis o el solucionismo. O la irreversibilidad de la destrucción, incluso de la extinción, o la incuestionabilidad de soluciones técnicas que no está nunca en nuestras manos hallar. Si nos hemos quedado sin futuro es porque la relación con lo que pueda suceder se ha desconectado completamente de lo que podemos hacer. Por eso da igual saber. Podemos saberlo todo, como decíamos, pero igualmente no podremos hacer nada con ello. Incluso la pedagogía actual y sus discursos y proyectos renovadores predican actualmente esta desconexión: hay que prepararse para un futuro del que no sabemos nada. No hay una afirmación más despótica y terrorífica que esta. No es una apertura a la incertidumbre y a la creatividad, sino una desvinculación entre la acción y los aprendizajes presentes respecto a sus consecuencias futuras. Desresponsabilización y despolitización como condiciones para la delegación de la inteligencia. Ruptura del nexo ético de la acción. Las formas de opresión que corresponden a esta credulidad son muy diversas: desde nuevas formas de desigualdad material y cultural extremas hasta fenómenos de degradación de la vida en todos sus aspectos, físicos y mentales. Degradación de los empobrecidos y degradación de unas élites que ni siquiera saben si dirigen el mundo que les enriquece a toda velocidad. Con toda su diversidad de formas, todas las formas de opresión de nuestro tiempo pasan por la aceptación de un «no sabemos pensar lo que está pasando ni cómo intervenir en ello».

Ante tal desactivación de la subjetividad crítica, una nueva ilustración radical tiene como principal desafío volver a poner en el centro de cualquier debate el estatuto de lo humano y su lugar en el mundo y en relación con las existencias no humanas. No se trata de prolongar el proyecto inconcluso de la modernidad, como proponía Habermas en los años ochenta. Porque no es una tarea de pasado sino una guerra que se está librando contra nuestro futuro. Afirmaban con dolor Adorno y Horkheimer en 1947 que el matrimonio entre el hombre y la naturaleza era una historia que, con la ilustración, había terminado mal. Y tenían razón si la única historia posible de ese matrimonio es la que ha escrito la modernización capitalista, eurocéntrica y antropocéntrica. En la actual era planetaria, el encuentro entre el hombre y la naturaleza ya no es un matrimonio patriarcal, con todos sus peligros y estructuras de dominación, sino algo bastante más incierto. Lo que queda por resolver parece que es, solamente, quién destruirá a quién. Frente a ello, la utopía de la inteligencia delegada se prepara para una nueva concepción de la supervivencia, ni natural ni humana, sino poshumana, posnatural o, sencillamente, póstuma.

Hay una pregunta, sin embargo, que ninguna forma de dogmatismo solucionista podrá llegar nunca a resolver. Es la pregunta que La Boétie, en el siglo XVI, consideraba la raíz de toda insubordinación a la servidumbre voluntaria: ¿Es esto vivir? Es una pregunta, como él mismo escribía, que está al alcance de cualquiera y que puede aparecer en cualquier contexto de vida. No apela a una objetividad calculable sino a una dignidad que siempre puede ser puesta en cuestión. En definitiva, es una pregunta que se puede compartir pero no delegar, porque lo que expresa es que la vida consiste en elaborar el sentido y las condiciones de lo *vivible*. Retomar esta pregunta hoy y lanzarla contra las credulidades y servidumbres de nuestro tiempo es afirmar que el tiempo de la humanidad puede llegar a agotarse pero que lo humano es precisamente aquello que no está acabado. Reapropiarse de este inacabamiento es reapropiarnos de nuestra condición y de nuestra inteligencia reflexiva, sin romper con el continuo de las inteligencias no humanas pero sin someterlas a nuestro dictado. Las humanidades, desde este planteamiento, no son un conjunto de disciplinas en extinción sino un campo de batalla en el que se dirime el sentido y el valor de la experiencia humana. No hay que defenderlas, sino que hay que entrar con fuerza en lo que a través de ellas se está poniendo en juego. Frente a las humanidades en extinción, las humanidades en transición.

3. Humanidades en transición

Tomo prestado el término «en transición» del movimiento ecologista Transition Towns, que, a partir de la crisis ambiental, plantea medidas y opciones de vida concretas que impulsan un cambio de paradigma en nuestras ciudades. Bajo la idea de «en transición», la constatación de la crisis se vincula directamente a la posibilidad de la crítica y al presente de la transformación. Hablar ya de transición puede edulcorar la realidad y hacer ver lo que no hay, pero lo que es relevante es el giro del punto de vista. Es decir, en vez de plantearse qué estamos perdiendo y qué tenemos que preservar, o qué modelos futuros tendríamos que soñar, pone el foco en lo que está pasando y en lo que estamos haciendo. También, por tanto, en lo que podemos hacer ahora y aquí.

Por humanidades ya no podemos referirnos únicamente a las disciplinas teóricas «de letras», sino a todas aquellas actividades (ciencias, artes, oficios, técnicas, prácticas creativas...) con las que elaboramos el sentido de la experiencia humana y afirmamos su dignidad y su libertad. Ya no nos orienta la división entre ciencias y letras, teoría y práctica, saber académico y saberes informales. Necesitamos comprender lo que hacemos a partir de problemas comunes que atraviesan lenguajes, prácticas y capacidades diversas.

Como en el caso del ecologismo, los debates en torno a la denominada crisis de las humanidades han quedado atrapados en el estrecho margen entre dos polos: por un lado, el lamento y las alarmas acerca de lo que se está perdiendo, la llamada a la defensa y preservación (de un legado, de unas tradiciones, de unos hábitos, incluso de sus supuestas virtudes éticas y políticas). Por otro lado, los diseños de futuro, muchas veces vinculados al utopismo tecnológico y a la salvación cognitiva de la humanidad gracias a la conexión de todos nuestros saberes en el hipertexto global. Tanto un enfoque como el otro, el defensivo-nostálgico y el tecnoutópico, nos alejan de la realidad presente y de nuestros retos y compromisos. Para acercarnos a ella, propongo una reflexión mediante cinco hipótesis.

Hipótesis 1. Lo que percibimos como un desinterés es, en realidad, la desinstitucionalización de las actividades humanísticas por parte del proyecto cognitivo del capitalismo actual

Hay una tendencia, entre los humanistas nostálgicos, a alertar y lamentar el desinterés del mercado y de la gente en general por las humanidades y por todo aquello que no tiene una utilidad o un rédito inmediato. Hay que decir dos cosas al respecto, como punto de partida: la primera, que mucha gente no ha perdido el interés por entender y dar sentido a su experiencia, personal y colectiva. La segunda, que el capitalismo actual tampoco ha abandonado el interés por el conocimiento, por la educación y la cultura. Todo lo contrario: los ha situado en el centro de un proyecto epistemológico y educativo muy claro y con objetivos muy determinados.

El proyecto epistemológico del capitalismo actual tiene que ver con lo que desde hace unos años se denomina la «cuarta revolución científica e industrial» y que desborda la digitalización en la sociedad del conocimiento y la información. Sea real o no, o solo un efecto ideológico de un desplazamiento tecnológico, lo que es relevante es que estamos entrando en un paradigma de innovación que va más allá de lo que implicaba la digitalización de la sociedad del conocimiento y de la información. A mi entender, lo más importante de la cuarta revolución es que tiene como objetivo el desarrollo de la inteligencia más allá y más acá de la conciencia humana (internet de las cosas, fabricación inteligente, diseño genético, big data), poniendo en continuidad el mundo biológico, físico y digital. Por tanto, no estamos ante la mera mercantilización del conocimiento, sino frente a la priorización de un determinado tipo de capacidades y de inteligencias, que incluyen de manera muy directa, también, las inteligencias múltiples y emocionales. Es una revolución que ya no depende de un solo lenguaje científico, sino que moviliza todos los saberes de los que disponemos hacia un solo fin: hacer de la inteligencia como tal, más allá y más acá del ser humano, una fuerza productiva. Estamos hablando de una inteligencia más y menos que humana. ¿Dónde queda entonces la inteligencia como potencia reflexiva y autónoma?

El proyecto educativo que el capitalismo actual está desarrollando se sitúa en este marco epistemológico. La escuela del futuro ya se ha empezado a construir y no la están pensando los estados ni las comunidades, sino las grandes empresas de comunicación y los bancos. No tiene paredes ni vallas, sino plataformas online y profesores las veinticuatro horas. No le hará falta ser excluyente porque será individualizadora de talentos y de recorridos vitales y de aprendizaje. Practicará la universalidad sin igualdad: una idea en la que tenemos que empezar a pensar porque será, si no lo es ya, la condición educativa de nuestro tiempo.

En el marco de este proyecto epistemológico y educativo global, la desinstitucionalización de las humanidades tiene muchas caras. Las más significativas son las siguientes: en primer lugar, la reorientación del sistema público, que de base del proyecto cultural y político del Estado-nación pasa a ser concebido como un elemento promotor del mercado competitivo de talentos, competencias y patentes. Con ello, las políticas culturales se despolitizan y los departamentos y consejerías pasan a manos de promotores, consultores, grupos empresariales, fundaciones, *think tanks*..., que son quienes pasan la hoja de ruta a las administraciones.

En segundo lugar, se da una progresiva desvinculación de la fuerza de trabajo a través de la precarización: las nuevas condiciones laborales en el sector educativo, académico y cultural tienen como consecuencia que nadie «pertenezca» a las instituciones, empresas o proyectos para los que trabaja ni haya un proceso de coimplicación sostenible entre compañeros de trabajo. Además, la dualización económica combina cada vez mejor oligarquías y precariado. Por ejemplo: investigadores con contratos estrella, junto con amplias infanterías de profesorado asociado en las universidades; periodistas con cachés altísimos que trabajan con equipos de becarios, etc. En los extremos de este fenómeno, encontramos también la desmonetarización directa de las actividades que «sobran» o que no se adaptan a las condiciones que impone el nuevo régimen epistemológico y cultural. Son las que se acaban haciendo sin cobrar no porque así se desee sino porque esta es la condición para que se realicen.

Al mismo tiempo, también son parte de la desinstitucionalización de las humanidades las deserciones activas y los desbordamientos estructurales que este proceso está provocando: buenos estudiantes que dejan la universidad o la carrera académica porque no le encuentran sentido; investigadores que abandonan la investigación porque no soportan las humillaciones laborales, afectivas y humanas que comporta; artistas que huyen del mercado de los proyectos y sus convocatorias y que comparten sus creaciones por otros canales; maestros que optan por proyectos educativos alternativos... Las deserciones y los desbordamientos están generando nuevas formas de autoorganización y de financiación, pero también potencian la tendencia a la segmentación, a la disgregación, a la conformación de micromundos y a la autorreferencia, ya que cada uno queda circunscrito a pequeñas comunidades cada vez más identitarias.

La pregunta es: esta tendencia a la desinstitucionalización ¿es favorable o desfavorable? ¿Qué limita y qué permite? ¿Tenemos que aspirar a nuevas formas de institucionalidad o recuperar las instituciones tradicionales bajo otras lógicas? ¿De qué nos libera la diseminación de la intelectualidad y a qué nos condena su precarización? En este terreno ambivalente de la desinstitucionalización, que fragmenta, expulsa y a la vez potencia procesos críticos y creativos, lo que se constata, entre otras cosas, es la creciente desvinculación de las actividades humanísticas respecto a un proyecto colectivo de emancipación, capaz de dar una respuesta suficiente al proyecto del capitalismo cognitivo. De ahí la necesidad de la segunda hipótesis.

Hipótesis 2. En estos momentos, sabemos más acerca de la relación del saber con el poder que de la relación del saber con la emancipación

Si las humanidades tienen que ver con la capacidad de dar forma y sentido, libremente, a la experiencia humana y a su dignidad, tenemos que entender que su crisis está directamente relacionada con la distancia que se ha abierto entre lo que sabemos, acerca del mundo y de nosotros, y nuestra capacidad de transformar nuestras condiciones de vida. Hemos constatado históricamente que saber más, tener más educación, más información, etc., no nos hace más libres ni éticamente mejores. Tampoco ha contribuido a forjar unas sociedades más emancipadas. De ahí la profunda desproporción que nos asalta y que hace de nosotros analfabetos ilustrados.

Foucault, siguiendo la vía crítica abierta, entre otros, por Nietzsche, nos enseñó a ver que tras la premisa ilustrada de la emancipación a través de la ciencia y de la educación se articulaban nuevas relaciones de poder. Poder sobre los cuerpos, sobre los códigos del lenguaje, sobre los hábitos y los comportamientos, sobre las estructuras institucionales, sobre los proyectos nacionales... Toda forma de saber conlleva unas relaciones de poder. Esta idea se ha convertido para nosotros en una premisa incuestionable, casi en una obviedad. A partir de ella podemos analizar, y así lo hacemos a menudo, las relaciones de poder que están inscritas en los conocimientos de nuestro tiempo. Tenemos herramientas muy sofisticadas para la crítica y para examinar los efectos de dominio del conocimiento, sus aplicaciones y su transmisión.

Pero, al mismo tiempo, cuando defendemos las virtudes éticas y políticas del conocimiento y de la educación, su necesidad para la democracia y la justicia, a menudo caemos en argumentos tan banales que ni siquiera los ilustrados del siglo XVIII creían, sin sospechar de sus sombras y perversidades. Como hemos visto antes, ellos ya desconfiaban de la cultura si no iba de la mano de la crítica y de la autocrítica.

Dice la protagonista de la película *Una giornata particolare* (Ettore Scola): «a una mujer inculta se le puede hacer cualquier cosa». Lo que debemos preguntarnos hoy es cómo y por qué a tanta gente culta hoy se le puede hacer cualquier cosa. Y por qué sociedades tan supuestamente cultas siguen cometiendo tantas atrocidades. Son las preguntas que ya se hacía la teoría crítica en pleno siglo XX, cuando proclamó el fracaso de la cultura: no solo la Europa ilustrada no supo evitar el fascismo y la guerra, sino que el pensamiento crítico y revolucionario (anarquismo, socialismo, comunismo...) tampoco condujo a la práctica a sociedades más emancipadas.

Nuestro principal problema es, entonces, redefinir los sentidos de la emancipación y su relación con los saberes de nuestro tiempo. ¿Qué saberes y qué prácticas culturales necesitamos elaborar, desarrollar y compartir para trabajar por una sociedad mejor en el conjunto del planeta? Parece una pregunta ingenua, pero cuando las humanidades pierden el vínculo con esta cuestión se convierten en meros conocimientos de textos sobre textos y mueren. Redefinir los sentidos de la emancipación: en eso tienen que consistir las actividades humanísticas si quieren ser algo más que un conjunto de disciplinas en desuso.

Hipótesis 3. La tradición humanista occidental debe abandonar el universalismo expansivo y aprender a pensarse desde un universal recíproco

El humanismo es un imperialismo. Un imperialismo eurocéntrico y patriarcal. El humanismo, como concepción del hombre que está por debajo de las ciencias humanas y de las instituciones políticas de la modernidad, se basa en la concepción que tiene de sí mismo el hombre masculino, blanco, burgués y europeo y se impone como hegemónica sobre cualquier otra concepción de lo humano, dentro y fuera de Europa.

Esta tesis parece muy aceptada en el ámbito del pensamiento crítico académico, sobre todo en los países vinculados a un pasado colonial. Disponemos de un abanico muy rico e imprescindible de críticas al humanismo desde un punto de vista de género, de raza, cultura, política, relaciones económicas, etc., que ha dejado al descubierto esta condición imperialista y patriarcal del humanismo: desde el antihumanismo filosófico del siglo xx (Heidegger, Foucault, posestructuralismo...), hasta el poshumanismo en sus diferentes caras; desde los estudios poscoloniales y decoloniales, hasta el pensamiento de género en sus diversas ramas y posiciones.

Pero, al mismo tiempo, hemos llevado la crítica de las disciplinas y la ideología humanista hasta tal punto que durante años las artes y ciencias humanas han tendido a reducirse a ser una crítica de sí mismas y de sus presupuestos y efectos de dominación. Esto ha tenido como consecuencia que los estudios humanísticos hayan ido adoptando o bien una actitud defensiva o bien una actitud de constricción y de arrepentimiento. Ambas son poco interesantes y, en el fondo, paradójicamente cerradas y autorreferentes.

La pregunta que nos corresponde hacernos hoy tiene que llevarnos más allá de la crítica y de la negación: si el humanismo es un imperialismo, ¿puede dejar de serlo? ¿Y qué querría decir que dejase de serlo? ¿O solo nos queda deshacernos completamente de él, como ya ha empezado a hacer el tecnocapitalismo y su cuarta revolución industrial?

Es interesante ver cómo filósofas feministas, muy poco sospechosas de universalismo eurocéntrico, como Judith Butler o Rosi Braidotti, están rescatando la posibilidad de reivindicar, a pesar de todo, un cierto legado del humanismo. No se trata de una reivindicación nostálgica y esencialista, todo lo contrario. Abren la posibilidad de una apuesta bastarda para no abandonar nuestras vidas a una gestión capitalista de la inteligencia, de los vínculos y de las emociones, para no dejarnos convertir en un activo físico-psíquico del necrocapitalismo actual.

Creo que ambas apuntan a la necesidad de que la crítica al humanismo histórico y a sus modelos universales no borre en nosotros la capacidad de vincularnos con el fondo común de la experiencia humana. Para mí, el fondo común de la experiencia humana no remite a un modelo, no es el Hombre de Vitruvio o cualquier otra abstracción. Tampoco el corpus cultural de los *dead white men*. Es la capacidad que tenemos de compartir las experiencias fundamentales de la vida, como la muerte, el amor, el compromiso, el miedo, el sentido de la dignidad y la justicia, el cuidado, etc. ¿Qué caminos tenemos para explorar estas proximidades y elaborar el sentido de la experiencia humana sin proyectar un modelo sobre otro? Más que ser negados, el humanismo y el legado cultural europeo en su conjunto necesitan ser puestos en su lugar: un lugar, entre otros, en el destino común de la humanidad. No se trata de seguir en la idea de una yuxtaposición de culturas que el modelo multicultural ya agotó, como forma de neutralizar la diversidad y sus tensiones y reciprocidades. Se trata más bien de ocupar un lugar receptivo y de escucha, incluyendo no solo la alteridad cultural sino también la tensión y el antagonismo entre formas de vida, dentro y fuera de Europa. Esto implica no solo criticar sino también dejar atrás tanto el universalismo expansivo como el particularismo defensivo, para aprender a elaborar universales recíprocos. O, como decía Merleau-Ponty, universales oblicuos, es decir, aquellos que no caen desde arriba sino que se construyen por relaciones de lateralidad, de horizontalidad.

Hipótesis 4. En el destino común de la humanidad, el hecho epistemológico más relevante de nuestro presente es el redescubrimiento de la continuidad naturaleza-cultura

La cultura contemporánea, en muchas de sus expresiones, ha vuelto a poner en el centro la condición natural del ser humano como especie y del sujeto como sujeto encarnado. Este hecho, que en otras culturas no había sido puesto en cuestión, ahora no solo lo reinterpreta la cultura contemporánea crítica sino que también lo ha entendido y lo está explotando el proyecto del capitalismo cognitivo que hemos descrito al principio. Frente a ello, la cuestión es: ¿somos capaces de proponer y articular otros sentidos de este reencuentro naturaleza-cultura que no se sometan a las pautas de su explotación por parte del capitalismo actual? Esta pregunta sitúa, a mi entender, el punto de partida desde donde las humanidades pueden empezar a redefinir, hoy, los sentidos de la emancipación.

Como explicó Klaus Schwab, uno de los impulsores de la cuarta revolución científica e industrial, en la presentación en el Foro de Davos de 2016 (Mastering the Fourth Industrial Revolution), el reto hoy es desarrollar un abanico de nuevas tecnologías que fusionan los mundos físico, digital y biológico, de tal manera que implican a todas las disciplinas, economías e industrias. Dice Schwab, en alguna de sus declaraciones públicas, que este horizonte desafía, incluso, las ideas acerca de qué significa ser humano. En este desafío se abren muchos interrogantes y no son los mismos para todos. Desde el punto de vista del capital, la pregunta es selectiva: ¿quién estará en condiciones de subirse a la ola de esta cuarta revolución? ¿Qué países, qué instituciones, qué empresas y qué personas, individualmente seleccionadas según sus talentos? ¿Y cuáles quedarán excluidos y reducidos a fuerza bruta o a excedente humano?

Desde un punto de vista ético y político, en cambio, lo que está en juego es el sentido mismo de la dignidad y de la libertad humanas en su condición de universales recíprocos a elaborar de manera compartida. Podernos preguntar por nuestra dignidad de manera abierta y no predeterminada era lo que para el humanista Pico della Mirandola en su *Discurso sobre la dignidad del hombre* nos hacía humanos. La *dignitas* no era un atributo u otro, sino la posibilidad misma de podernos plantear cuál es el estatuto de la experiencia humana desde el punto de vista de la mejora de su condición.

Desde aquí, el reencuentro entre la naturaleza y la cultura, lo dado y lo construido o entre la humanidad como especie y como idea no tiene, por tanto, un sentido único ni un solo plan de ejecución. Todo lo contrario. Que las humanidades estén hoy en transición significa que el sentido de lo humano está en disputa. No es una querella ociosa ni gratuita. En ella se juega el interés de todos contra los intereses del capitalismo actual. No se plantea, por tanto, desde una batalla del *non-profit* contra el beneficio, como sostiene la defensa que hace Martha Nussbaum de las humanidades. Ni de lo inútil contra el utilitarismo, como argumenta Nuccio Ordine en su famoso ensayo sobre esta cuestión. Estas son aún visiones idealistas, propias de una burguesía que podía separar con qué alimentaba el estómago de con qué alimentaba el espíritu. Actualmente, el precariado de la cultura, de las humanidades y de la academia no puede ni quiere separarlo. Aún menos los millones de vidas que están tocando ya hoy los límites de lo *invivible*. Nos jugamos el estómago, la conciencia y la dignidad del destino común de la humanidad en este tiempo que resta. El nuestro, hoy, es un combate de lo necesario contra lo que se nos presenta como imperativo.

Hipótesis 5. Hemos perdido el futuro pero no podemos seguir perdiendo el tiempo

Uno de los elementos fundamentales de esta crisis de sentido de las humanidades es la pérdida del futuro, es decir, del horizonte de progreso y mejora de la condición humana a través de la historia. Las humanidades modernas conjugaban su sentido en futuro. ¿Cómo pueden hacerlo hoy, en la condición póstuma, cuando la linealidad del tiempo nos aboca al no futuro?

Las ciencias humanas o del espíritu, cuando tomaron forma como el ámbito de elaboración del sentido de la experiencia humana en los siglos XVIII y XIX, a través del pensamiento y las propuestas educativas de autores como Kant, Dilthey y Hegel, hicieron de la historia su escenario y, por tanto, del tiempo histórico su vector. Kant fue el gran arquitecto de esta narración cuando dijo, en *¿Qué es la Ilustración?*, que no estamos ya en tiempos ilustrados sino en tiempos de ilustración. Es decir, que la emancipación a través de la autonomía del saber (atrévete a saber) no es una condición estática sino una condición dinámica: un camino de progreso. Dicho de otro modo: un camino, siempre inacabado, de mejora moral. Más tarde, Marx hizo de este dinamismo una exigencia revolucionaria, y de la historia, la partitura antagónica y contradictoria de la autoeducación del género humano. Por otro lado, sin embargo, el liberalismo tradujo este progreso moral en términos de dinamismo en el crecimiento económico y en la promoción social de los individuos. El progreso se convertía, así, en prosperidad. Hoy, la prosperidad, ya insostenible, es nuestra amenaza.

La crítica a la modernidad y a la servidumbre cultural declaró inválido el relato lineal de mejora del género humano, así como de sus conceptos asociados: progreso, sentido histórico, revolución. La crítica posmoderna abrió la posibilidad de otra experiencia del cambio que, porque no estaba sometido a la linealidad de una sola visión de la historia, se abría también a otras experiencias culturales, a otras temporalidades y elaboraciones más libres del sentido. Aprender quizá ya no prometía un futuro mejor, pero sí un mayor margen de experimentación y de creación de posibilidades de vida, diferentes e irreductibles.

Con el cambio de siglo y de milenio, con la crisis económica, ambiental y civilizatoria, ya no solo se pone en cuestión la versión liberal del relato moderno, basada en la prosperidad indefinida, sino que también los posibles abiertos por la crítica posmoderna son ocupados por la destrucción y el miedo. De la condición posmoderna hemos pasado a la condición póstuma, como hemos analizado antes. Esta es la que viene después del después y que se caracteriza por la imposibilidad de intervenir con eficacia sobre las condiciones del tiempo *vivible* (del tiempo humano, que es el tiempo de la historia). Lo que queda, entonces, ya no es un tiempo que suma sino un tiempo que resta, un tiempo que no abre sino que cierra posibilidades y formas de vida.

Sin futuro, es decir, sin horizonte de progreso y de mejora, ¿qué pueden aportar un legado y unas herramientas culturales, las del humanismo europeo, que partían de estas premisas y que las han visto fracasar? Las humanidades, en la actual disputa por el sentido de lo humano, no pueden vivir de un repetido retorno al futuro, es decir, de una actitud nostálgico-defensiva basada en prolongar y restaurar un sentido de la historia que no solo es anacrónico sino del cual ya hemos puesto al descubierto la cara oscura, eurocéntrica y depredadora de los entornos culturales y naturales.

En la actual disputa por lo humano, más que un «regreso al futuro», como en la famosa película de los años ochenta, lo que necesitamos es elaborar el sentido de la temporalidad: más que promesas y horizontes utópicos, relaciones significativas entre lo vivido y lo *vivible*, entre lo que ha pasado, lo que se ha perdido y lo que está por hacer. Más que devolvernos el futuro, las actividades humanísticas en todas sus expresiones son el lugar desde donde apropiarnos del tiempo *vivible* y de sus condiciones compartidas, recíprocas e igualitarias, tanto por lo que respecta a la singularidad de cada forma de vida como, inseparablemente también, a escala planetaria. Contra el dogma apocalíptico y su monocronía mesiánica y solucionista (o condena o salvación), el sentido de aprender es trabajar en una alianza de saberes que conjuguen la incredulidad y la confianza. Imagino la nueva ilustración radical como una tarea de tejedoras insumisas, incrédulas y confiadas a la vez. No os creemos, somos capaces de decir, mientras desde muchos lugares rehacemos los hilos del tiempo y del mundo con herramientas afinadas e inagotables.

Índice

Preámbulo 7

1. Condición póstuma 13
   Insostenibilidad 16
   Tras la posmodernidad 21
   La catástrofe del tiempo 26

2. Radicalismo ilustrado 33
   Servidumbre cultural 40
   Analfabetismo ilustrado 45
   Neutralizaciones de la crítica 49
   La inteligencia delegada 55

3. Humanidades en transición 59
   Hipótesis 1 60
   Hipótesis 2 64
   Hipótesis 3 67
   Hipótesis 4 69
   Hipótesis 5 72

Títulos de la colección

1. **Claudio Magris,** El secreto y no
2. **Rafael Chirbes,** El año que nevó en Valencia
3. **Emmanuel Carrère,** Calais
4. **Marina Garcés,** Nueva ilustración radical
5. **Marina Garcés,** Nova il·lustració radical
6. **Jordi Amat,** La conjura de los irresponsables
7. **Jordi Amat,** La confabulació dels irresponsables
8. **Michel Houellebecq,** En presencia de Schopenhauer
9. **David Trueba,** La tiranía sin tiranos
10. **Jordi Gracia,** Contra la izquierda. Para seguir siendo de izquierdas en el siglo XXI
11. **Slavoj Žižek,** La vigencia de *El manifiesto comunista*
12. **Marta Sanz,** Monstruas y centauras. Nuevos lenguajes del feminismo